I0786767

COMENTARIOS SOBRE FRANCMASONERÍA

Michael G. Helmeyer R.

FUNDACION
BURIA

Comentarios sobre Francmasonería
©Michael G. Helmeyer R.
helmeyer@gmail.com

Barquisimeto, República Bolivariana de Venezuela.
 2018

Edición al Cuidado de:
Fundación Buría
Diseño Editorial:
Reinaldo E. Rojas Merchán
reinaldoryr@gmail.com
Impresión:
 Amazon.com
 Independently Published

Depósito Legal: LA2018000092
ISBN: 9781717835376

Se prohíbe la reproducción total o parcial de esta obra —incluido el diseño tipográfico y el arte de cubierta—, sea cual fuere el medio, electrónico, mecánico, por fotocopia o cualquier otro, sin el consentimiento escrito del autor y la editorial.

*Mirad cuán bueno y cuán apacible es
habitar los hermanos juntos y en armonía!
Es como la unción olorosa que descendió sobre la barba,
la barba de Aarón, y que bajó hasta las faldas de sus vestiduras.
Como el rocío del Hermón que desciende sobre los montes de Sión,
Porque allí Dios envía bendición y vida eterna.*
Salmo CXXXIII

ÍNDICE

Apéndices

PREFACIO

Ríos de tinta se han escrito a los largo de los años respecto
a lo que se relaciona con la Francmasonería o como se
le designa de una manera más simplista masonería,
independientemente a esta situación, el tema parece
nunca agotarse como respuesta al insaciable deseo del
Hombre por obtener conocimiento.

Las edades pasan y nuevas generaciones de hombres y
mujeres surgen a lo largo del orbe y a pesar de pertenecer
a regiones geográficas distintas e inclusive a épocas
distintas, toda la Humanidad se reúne en torno a la
recurrente pregunta que el mismo Poncio Pilatos le hizo
al Maestro Jesús en su momento: ¿Qué es la Verdad?.

El ejercicio de la libertad de pensamiento busca
la posibilidad cierta de encontrar la Verdad, sin
importar si es tarea de una o varias vidas o de una o
varias generaciones, es así que el buscador sincero no
pretende, en su camino por la Tierra, hacer que los
demás seres piensen igual, sino que duden y piensen,
pero más que pensar, encuentra agrado en el estímulo

de la Consciencia como la voz Divina que reside en el interior de cada individuo, a pesar de esto, tampoco obliga a su hermano o vecino a creer en lo que él cree.

En este sentido se agrega nueva tinta a las aguas de las obras encargadas de abordar el tema que a tantos fascina, que a algunos molesta y que a otros tantos da curiosidad, por ello nace esta producción escrita en el deseo sincero de agregar una contribución, por más pequeña que sea, al mundo de las ideas, que de otros como yo, expresaron la necesidad de conocer una institución como la Orden Francmasónica.

No procederé a hablar maravillas de la institución, tampoco a menospreciarla, simplemente se expone un trabajo divulgativo y de libre albedrío que busca llevar, a cada uno de los que puedan leer estas líneas, alguna información que les parezca justa, necesariae interesante. Considero un deber como miembro de la Orden Francmasónica llevar al potencial lector de estas líneas, las ideas que desarrollo, pues dentro de sus logias no se encuentran hombres y mujeres meramente pasivos o contempladores de su actualidad o de una tradición, sino que se forman seres activos que procuran el bienestar y progreso de la Humanidad.

Mi estimado lector, la francmasonería se esmera en elevar templos a las virtudes, y es labor de cada uno de sus miembros encontrar su particular forma para elevarlos, es así que pueden encontrarse reunidos bajo el mismo cielo un católico, un musulmán, un judío, un budista y pare usted de contar (como efectivamente sucede) arropados todos por el espíritu de la tolerancia y de la fraternidad; todos saben en su interior que sí el Hombre está en el mundo para señorearlo, debe existir un alto grado de compromiso y responsabilidad en su accionar y que solo en la Paz, la Armonía y la Solidaridad puede lograrse este objetivo.

Algunos ven en la francmasonería a una especie de club de caballeros que se visten y hablan de extrañas maneras, usando saludos y expresiones muy particulares que generan en los no masones gracia e incluso risa, por otro lado hay quienes ven a este institución como una suerte de personas reunidas en perpetua conspiración para asegurar algún tipo de poder político y bienestar financiero. Lo anterior deja la libre expresión del pensamiento, pero siempre me hace recordar a un hermano de la vieja guardia quien constantemente decía "recuerda que solo a los árboles que dan fruto es a los que se les arrojan piedras".

Queda entonces de su parte, mi estimado lector, esta obra, esperando pueda encontrar lo que busca o en el mejor de los casos acrecentar un poco más sus dudas...

Michael Helmeyer

LA MASONERÍA Y EL
SECRETO

Rápidamente busco en el primer diccionario que puedo encontrar en casa la definición de la palabra masonería y encuentro dentro de sus hojas que es una *asociación en parte secreta, extendida por diversos países, cuyos miembros profesan principios de fraternidad, se reconocen entre sí mediante signos y emblemas y se dividen en grupos denominados logias*[1]. Luego de leer esta definición trato de ampliar lo leído y gracias a las tecnologías de información, logro leer en la página web de la Real Academia Española[2] y en su link del Diccionario de la Lengua Española me encuentro remitido al término francmasonería, el cual indica que es una *asociación secreta de personas que profesan principios de fraternidad mutua, usan emblemas y signos especiales, y se agrupan en entidades llamadas logias*. Esta definición me gusta solo un poco más (realmente solo un poco para ser sincero) pero no me deja del todo satisfecho.

---

[1] Diccionario El Pequeño Larousse Ilustrado. 2000
[2] Consulta en la dirección electrónica http://www.rae.es

Comparo las definiciones encontradas y lo primero que surge a mi mente en son de pregunta es lo siguiente: ¿Es una asociación *en parte secreta* o es *secreta*?. Hoy en día pueden verse en diversas ciudades de no pocos países a logias totalmente identificadas, inclusive con sus números y horarios de atención expuestos en las páginas amarillas de las guías telefónicas, inclusive colocadas en las páginas web, de igual manera se pueden encontrar a francmasones usando gorras, pines en la solapa en sus chaquetas y calcomanías en sus vehículos, mostrando con orgullo que son miembros de la Orden; ni que de hablar de las películas y libros como este que pueden ser adquiridos en cualquier librería o tienda de video local... entonces a primera vista como que no es tan secreto!; claro, esto no implica que en ocasiones, y dependiendo de las circunstancias propias de los tiempos tumultuosos que puedan vivirse en algunas regiones, la francmasonería haya tenido que revestirse con el velo del secreto en vista del potencial peligro que pueda presentarse para con sus miembros de sufrir represalias[3] por su condición de propia de masones, pero sigamos.

---

[3] Conocidas son las persecuciones y prohibiciones respecto a la posibilidad de reuniones de las asociaciones masónicas que en su oportunidad se hicieran en la Alemania Nazi, la España de Franco o los controles en la Cuba de Fidel Castro, sin hablar de las continuas arengas en contra de la francmasonería encontradas en diversas bulas papales desde el siglo VXIII.

No es secreto para quién busque información sobre la Orden que dentro de sus instalaciones, denominadas logias, se habla sobre la Divinidad, de las coyunturas del acontecer mundial y local, de la preocupación por el Hombre como *ser social* y de las diversas situaciones que se presentan dentro de la sociedad en la que se desenvuelve, para así dar respuesta, en conjunto, sobre la manera de lograr el mejoramiento armónico de las comunidades y de la resolución de los conflictos por medio del uso de la razón y por supuesto a la apuesta del progreso de la Humanidad. Ahora bien, las particularidades que puertas adentro se desarrollan no se llevan al conocimiento público, pues se insta a sus participantes a no revelar lo visto, oído o practicado… entonces efectivamente pudiera encontrarse algo de secreto.

Pero haciendo uso de la misma herramienta práctica del conocimiento, como lo es el diccionario, es posible encontrar que algunas de las acepciones a esta palabra son las de *reservado, confidencial*[4] inclusive *discreto*[5] allí aparece justamente lo de discreto, término que particularmente me gusta, recalcando la expresión

---

[4] Diccionario El Pequeño Larousse Ilustrado

[5] Consulta en la dirección electrónica http://www.rae.es. El término discreto se expone en el Diccionario Enciclopédico Salvat como un adjetivo definido como el *que incluye o denota discreción* y a la discreción como *sensatez para formar juicio y tacto para hablar u obrar.*

particularmente, pues estimado lector, recuerda que es un ejercicio propio de la era especulativa en la francmasonería[6].

En referencia a lo de no revelar lo visto, oído y practicado, que de seguro creará ciertas dudas o suspicacias, puedo responder a la interrogante que en la mente quedo posiblemente formulada, en el hecho del factor confianza… si, es correcto, la confianza colocada en tu compañero y hermano es fundamental en el éxito de nuestra fraternidad, porque el valor de la palabra (que hoy en día se ha perdido en la sociedad) es un concepto unido a los hombres y mujeres que entienden que la moral no es letra muerta sino, la respuesta de lo *ciertamente* bueno y aceptable, garante del éxito y subsistencia del género Humano.

Es posible pensar en lo común, que es entre los amigos o las personas cercanas, el revelar inquietudes, expresar situaciones vividas o puntos de vista particulares que no se desean hacer públicas a los demás y que por una u otra razón terminan por conocerse gracias a la indiscreción de quién en principio se confió; gran sabiduría arroja el

---

[6] La francmasonería posee básicamente dos grandes etapas en su historia, la primera denominada de masonería operativa y la segunda de masonería especulativa, algo de lo que haremos referencia en su debido momento.

proverbio[7] *El que anda vagueando descubre secretos; no andes con quien tiene lengua suelta.*

Algunos párrafos atrás me refería a la palabra secreto con la acepción de discreto y es entonces de considerar a esto como uno de los *porqués* del denominado secreto dentro de la francmasonería, como igualmente sea muy probable la expresión que el lector pueda encontrar, en su búsqueda bibliográfica sobre francmasonería, donde se refleje la opinión de diversos entendidos sobre la materia en la cual se indique que esta no es una institución secreta sino discreta, pues dentro de sus logias no han de existir personas que tengan como profesión el chisme o la necedad pues como igualmente nos recomienda el Texto Sagrado[8] *el que guarda su boca y su lengua, guarda su alma de la angustia[9].*

---

[7] Libro de Proverbios 20:19 según la versión de la Biblia de Jerusalén. Editorial Española Descleé de Brouwer, S.A. del año 1967

[8] En esta muy particular expresión me refiero a la Biblia, más existen diversos textos sagrados, entre ellos el Sagrado o Noble Corán, donde se encuentran plasmadas palabras de gran sabiduría; sobre lo que nos atañe en este aparte puedo mencionar entre algunas expresiones la encontrada en la denominada Sura de la Abeja más específicamente 16:91 que canta *Cumplid el compromiso con Allah cuando lo hayáis contraído y no rompáis los juramentos después de haberlos hecho y de haber puesto a Allah como garante sobre vosotros; es cierto que Allah sabe lo que hacéis.* En concordancia en 68:10 se encuentra la recomendación expresa de ¡No obedezcas, *pues, a los chismosos!*

[9] Libro de Proverbios 21:23 según la versión de la Biblia de Jerusalén. Editorial Española Descleé de Brouwer, S.A. del año 1967

Ahora bien, continuando con este tema de sumo interés, me haré eco de las impresiones del Diccionario Enciclopédico de la Masonería[10] el cual dentro de sus páginas lo siguiente menciona:

> *"El origen de todos los Misterios, como está bien probado en el día, fue el culto secreto de un solo Dios, en oposición al culto público, que admite, ya sean distintas divinidades o agentes, ya varios individuos formando una sola divinidad. Muchísimo se ha hablado y se ha escrito, y gran misterio se hace todavía, del tan cacareado secreto de que se supone poseedora y depositaria la Francmasonería. Sobre este particular hace ya mucho tiempo que se ha hecho luz más que suficiente para que todo Francmasón medianamente instruido, pueda saber con toda certeza a qué atenerse. Fue costumbre en la antigüedad enseñar secretamente las ciencias y las reglas de las artes y oficios. La Arquitectura, al igual que las demás ciencias, era enseñada, pues, en secreto y secretamente también se conservaron y transmitieron las reglas del arte de construir, que durante muchos siglos*

---

[10] Tomo III. Editorial del Valle de México S.A. de C.V.

fueron monopolizadas por los sacerdotes y corporaciones especiales"

El secreto de la francmasonería, mi amigo lector, contiene ideales de tolerancia, librepensamiento, amor por el conocimiento, libertad, igualdad y fraternidad, es así que ha sido objeto de desprestigio y descalificaciones de los tiranos de los pueblos, quienes solo buscan el poder o mantenerse en él gracias a las tinieblas que arrojan sobre las masas para mantenerlas en la ignorancia con deseos de colocarles un velo para que no vean más allá de un credo, un color de piel o de una condición social específica. El pecado de los francmasones pudiera ser para algunos el deseo de ilustrarse y de enarbolar las banderas de la fraternidad universal en búsqueda del progreso de los derechos del Hombre.

Aparece entonces la Iglesia Católica, como principal ente influenciador de las mentes occidentales, quién preocupada profundamente por el secreto francmasónico ha decidido pronunciarse continuamente sobre esta institución de obreros de la especulación, la primera de ellas la encíclica denominada *In Eminente*[11], del Papa Clemente XII con fecha del 28 de Abril de 1738, manifestando que:

---

[11] Bula papal In Eminenti Apostolatus Specula

"Nos hemos enterado, y el rumor público no nos ha permitido ponerlo en duda, que se han formado, y que se afirmaban de día en día, centros, reuniones, agrupaciones, agregaciones o conventículos, que bajo el nombre de Liberi Muratori o Franc-masones o bajo otra denominación equivalente, según la diversidad de lengua, <u>en las cuales eran admitidas indiferentemente personas de todas las religiones</u>[12], y de todas las sectas, que con la apariencia exterior de una natural probidad, que allí se exige y se cumple, han establecido ciertas leyes, ciertos estatutos que las ligan entre sí, y que, en particular, les obligan bajo las penas más graves, en virtud del juramento prestado sobre las santas Escrituras, a guardar un secreto inviolable sobre todo cuanto sucede en sus asambleas."

---

[12] Subrayado propio. Resalto esta frase ya que parece existir un dejo de incredulidad o hasta repudio en el hecho de que puedan convivir personas de distintos credos sin conflictividad alguna. La misma bula papal más adelante expone firmemente la pena de excomunión a las personas que hagan vida dentro de las logias masónicas y de forma vehemente decreta: *"A este efecto, damos a todos y a cada uno de ellos el poder de perseguirlos y castigarlos según los caminos del derecho, recurriendo, si así fuese necesario, al Brazo secular".*

En este orden de ideas, el sucesor de Clemente XII, el papa Benedicto XIV en la encíclica conocida como *Providas*[13] del 18 de Mayo de 1751, se adhiere al repudio en contra de la francmasonería justificándose en que:

> *Entre las causas más graves de la mencionada prohibición y condenación..., la primera es que en esta clase de sociedades, <u>se reúnen hombres de todas las religiones</u>[14] y de toda clase de sectas, de lo que puede resultar evidentemente cualquier clase de males para <u>la pureza de la religión católica</u>[15]. La segunda es el estrecho e impenetrable pacto secreto, en virtud del cual se oculta todo lo que se hace en estos conventículos, por lo cual podemos aplicar con razón la sentencia de Cecilio Natal, referida por Minucio Félix: "<u>las cosas buenas aman siempre la publicidad; los crímenes se cubren con el secreto</u>"[16]. La tercera, es el juramento que*

---

[13] Bula papal Providas Romanorum

[14] Subrayado propio. Se puede confirmar la percepción realizada en el comentario 9

[15] Subrayado propio. Frase muy significativa que dejo al pensamiento del lector de estas líneas. Pensamientos absolutos como aquel que dice: *Si no estás conmigo estas en contra de mí*, han hecho daño a la Humanidad por años

[16] Cuando los príncipes de la Iglesia Católica o Cardenales, se reúnen para elegir entre ellos a quien se sentará en la silla del apóstol Pedro,

*ellos hacen de guardar inviolablemente
este secreto como si pudiese serle permitido
a cualquiera apoyarse sobre el pretexto
de una promesa o de un juramento, para
rehusarse a declarar si es interrogado por una
autoridad legítima, sobre si lo que se hace en
cualesquiera de esos conventículos, no es algo
contra el Estado, y las leyes de la Religión
o de los gobernantes. La cuarta, es que esas
sociedades no son menos contrarias a las leyes
civiles que a las normas canónicas, en razón
de que todo colegio, toda sociedad reunidas
sin permiso de la autoridad pública, están
prohibidas por el derecho civil como se ve en
el libro XLVII de las Pandectas, título 22,
"De los Colegios y Corporaciones ilícitas", y
en la famosa carta de C. Plinius Caecilius
Secundus, que es la XCVII, Libro X, en
donde él dice que, por su edicto, según las
Ordenanzas del Emperador, está prohibido
que puedan formarse y existir sociedades y
reuniones sin la autoridad del príncipe. La*

¿No lo hacen en el denominado *Cónclave*? ¿Es posible pensar que en el surgimiento del líder religioso de millones de fieles católicos se esconde alguna malignidad? Yo particularmente pienso que no hay nada malo en ello, a pesar que todos juran ante las Sagradas Escrituras no revelar nada de lo odio, visto ni comentado, en su más mínimo detalle... y este juramento de secreto es de por vida.

quinta, que ya en muchos países las dichas sociedades y agregaciones han sido proscritas y desterradas por las leyes de los príncipes Seculares. Finalmente, que estas sociedades gozan de mal concepto entre las personas prudentes y honradas, y que el alistarse en ellas es ensuciarse con las manchas de la perversión y la malignidad. Por último, nuestro predecesor obliga, en la Constitución antes mencionada, a los Obispos, prelados superiores y a otros Ordinarios de los lugares a que no omitan invocar el auxilio del brazo secular si es preciso, para ponerla en ejecución.

Encontramos expuesta en esta fuente alguna consideración muy particular sobre el secreto en una asociación francmasónica, aunque no se explica realmente en qué consiste dicho secreto; simplemente se propone y establece como un aspecto perturbador y negativo para la salud mental de los hombres y las mujeres de la sociedad, que llama, cual flautista mágico, a desviarse de la *verdadera fe y perder la salvación*; pero el secreto en cualquier institución, llámese como se llame, se establece en el ánimo de evitar que aquellas personas que no pertenecen a esa institución, es decir, aquellos que no han sido probados o instruidos y fundamentalmente iniciados, puedan participar en las sesiones que se lleven a cabo dentro de sus instalaciones, así como gozar de los derechos o privilegios otorgados a la membrecía en virtud de las obligaciones por ellos mismos contraídas de forma voluntaria[17].

Repetiré lo escrito en líneas anteriores, el secreto francmasónico reposa en la no revelación de los signos, palabras y tocamientos, el resto de las lecturas, principios y normas están a disposición libre de quien las busque de forma sincera, tal cual como dicen las Sagradas Escrituras[18] *Pedid y se os dará; buscad y hallaréis; llamad y se os abrirá.* El paso a dar es la iniciación en la francmasonería.

En concordancia a lo desarrollado en esta expresión libre de la consciencia, le pido hacer un pequeño ejercicio mental; imagínese usted vivir en la Edad Media y que pertenece desde su infancia, al igual que se padre y abuelo y demás familiares, a un gremio de constructores, albañiles u obreros (como desee denominarlo), en esta asociación de hombres libres[19] usted aprendió

---

[17] Tal cual como se comportan los modernos colegios de profesionales llámense abogados, médicos, administradores, contadores, ingenieros entre otros, donde pare ser miembro no solo deben cumplir con sus estudios universitarios sino llenar algunos requisitos adicionales a merced del imperio de su autonomía y protección del ejercicio profesional

[18] Mateo 7:7 según la versión de la Biblia de Jerusalén. Editorial Española Descleé de Brouwer, S.A. del año 1967

[19] Literalmente hombres libres, es decir, sin relación ni obligaciones de deudas o servilismo con algún señor feudal o con cualquier otra insti-

las técnicas de construcción de puentes[20], edificios, templos religiosos y demás estructuras necesarias para el desarrollo y símbolo de incremento de importancia de los asentamientos y de sus autoridades seculares y religiosas. Su aprendizaje como profesional de la construcción se enmarcó en los más básicos conceptos y prácticas para trabajar el elemento más sólido hasta la fecha conocido, como lo era la piedra, inclusive el saber seleccionar la piedra útil y resistente de la no apta, que potencialmente formaría parte de la estructura de alguna edificación que requiere de un acabado de calidad de los trabajos. Seguramente, como el resto de los demás miembros de la cofradía o gremio, no sabría leer o escribir, así que el método de instrucción era la *tradición* oral y la posterior

---

tución o gremio. A pesar de lo que varios pudieran pensar a priori, la palabra castellanizada francmasón, en inglés freemason, no necesariamente deriva de esto, sino más bien de las características de la piedra empleada para la construcción

[20] Famosa es la historia del *Puente de Londres* que hasta canciones se le han dedicado, como la tan añorada y popular canción de los juegos infantiles que tantas generaciones han (yo incluido) cantado y que reza en su comienzo *El Puente de Londres se va a caer*. Este puente que se construyó sobre el igualmente famoso río Tamesis fue finalizado en el año de 1209 y se mantuvo en pie hasta el año de 1832, su estructura, por ser una obra de los masones, hoy en día llamados operativos, era de piedra y su demolición no se debió a que su estructura estuviera en malas condiciones luego de más de 6 centurias de constante uso, sino a que los barcos que incrementaron su calado con el paso de los siglos ya no podían pasar a través de sus pilares.

operatividad o puesta en práctica[21].

Continuemos el ejercicio, y siendo usted miembro de una comunidad de hábiles constructores y poseedor del conocimiento altamente especializado del *ars structoria* era más que probable que usted sabría reconocer y manejar los números y letras (en deletreo especialmente), cuya forma más fácil de aprendizaje se lograba gracias a la asignación de un significado simbólico[22] y el establecimiento de alegorías, historias y leyendas de profundo valor, junto a un muy bien pensado sistema ritualístico, que se no distanciaba en ningún momento de los principios y de la moral religiosa, sino que los reforzaba y otorgaba una práctica ética superior al común

---

[21] En la Edad Media era común que la mayoría de la población fuera analfabeta, más no necesariamente en el caso de los masones. Es muy probable que concientizaran desde tempranas fechas la necesidad del saber leer y escribir, sobre todo en el caso de los maestros, pues a pesar de lo que muchos piensan, ya desde el siglo XI era común las contrataciones y regulaciones escritas (modo de vida, salario y horarios) respecto al comportamiento público y privado, así como de los servicios que prestarían los masones en las diversas obras que se ejecutaban.

[22] Hoy en día a los niños desde temprana edad, se les instruye en los primeros centros de educación inicial o *jardines de infancia* (kindergarden)en el conocimiento de los números y letras por medio de canciones y juegos, donde se les relacionan con elementos de la naturaleza para crear la fijación mental y formar así luego una idea concreta para su posterior utilización y desarrollo en los grados de la escuela primaria o elemental

denominador de la población de la época, pues hay que entender que de la calidad de los trabajos efectuados, dependían las vidas de aquellos que vivirían o realizarían sus actividades en las construcciones levantadas o en los proyectos por ejecutar y en un sentido mucha más práctico, aseguraría alguna otra contratación futura, que vendría a generar el salario suficiente para llevar el pan a la familia.

Pues bien, ciertamente eres un trabajador calificado que ha alcanzado la maestría en el uso de las técnicas constructivas, hasta incluso artísticas! con el tallado de la piedra con el que se decoraban y embellecía las edificaciones medievales (no solamente se pensaba en la fuerza de la práctica constructiva sino también en la belleza de las obras), entonces en una sociedad de intrincada clasificación de los individuos y jerarquización de las ocupaciones laborales, que hacía uso de una profunda y arraigada normativa que regía la vida de todos y cada uno de los seres, a lo largo y ancho del mundo conocido (Desde reyes hasta vasallos y esclavos), se crea la necesidad de proteger el sustento propio y familiar, así como resguardar al gremio donde se hace vida, así como al trabajo propio y colectivo, tanto actuales como futuros[23], manteniéndolo lejos

---

[23] Las asociaciones de masones representan en sus reclamos y protección ante las autoridades y reglamentaciones de los reyes, nobles y

de los usurpadores y arribistas que desean competir y obtener el salario[24] apreciado del masón y las dispensas que gozan en comparación con el resto de la población.

¿No considerarías justo crear un sistema sencillo de educación y resguardo de la información propia que diera trabajo a tu gremio en el área en la cual han trabajado cientos de años (por no decir miles) y en la que llevas toda tu vida? Inclusive ¿No es normal pensar que cada nivel de experticia del oficio merece una remuneración específica y la protección ante los posibles ánimos de un aprendiz a querer realizar actividades propias de un maestro? Estas y otras interrogantes pueden surgir indiscutiblemente en el desarrollo de las ideas y actividad de las profesiones (de todas las profesiones) desde los antiguos gremios de panaderos, tejedores, ebanistas, orfebres y masones hasta los modernos colegios profesionales y asociaciones de carácter sindical o gremial, siempre preocupadas por la protección de las condiciones laborales de sus miembros asociados. Inclusive las abuelas italianas en su maestría en la cocina crean el *secreto de la nona.*

---

demás señores en los primeros sindicatos conocidos.

[24] Subsisten conservados hasta el día de hoy las reglamentaciones que en Inglaterra de hacían para el establecimiento de los salarios máximos, algo interesante de estudiar sobre todo para los amantes del derecho laboral donde hoy en día las normas legislativas hablan de salario mínimo

En este sentido encontramos comentarios de este tenor:

> *Los masones de piedra franca de Escocia trataron de fortalecer su posición mediante el uso de una contraseña que era transmitida a todos los maestros masones calificados, y a la que ni los aprendices ingresados ni ninguna otra persona tenía acceso. Esto permitía que los maestros masones se reconocieran entre sí y evitaba, en la medida de lo posible, que los aprendices ingresados realizaran las tareas de un maestro. La palabra clave se hizo conocida como "la "palabra masónica"*[25].

Este secreto, el verdadero secreto, se encuentra a un signo, una palabra y un tocamiento que permiten reconocer de manera cierta a otro masón, establecer un método que sin temor a errores pueda dar luces sobre aquel que se presenta como un compañero[26] y así facilitar su estratificación, evidenciar su nivel de experticia para finalmente asignarle una labor acorde y justa.

Hoy en día, en la francmasonería se conserva el uso de estos elementos y fundamentalmente en la mención de

---

[25] Ridley, Jasper. Los Masones. La sociedad secreta más poderosa de la tierra. Ediciones B Argentina S.A. 3ra reimpresión: septiembre 2004
[26] En las instrucciones de docencia masónica

la palabra(la cual puede tener varias denominaciones como la ya indicada *palabra masónica*, como también las famosas expresiones *palabras de pase* o *palabras sagradas*), se recalca la importancia de su empleo al unísono con sus elementos hermanos, como una especie de fórmula especial, que en su ejecución por el francmasón, permite su participación en los trabajos logiales o tenidas.

Muchos pueden considerar que la presentación de un diploma certificado, una carta de presentación o de un recibo son medios probatorios suficientes para permitir el paso a las Logias y esto es una práctica moderna un tanto errónea y en ocasiones común en muchas localidades, pero es de considerar que aunque un documento pueda parecer emitido conforme a la legalidad, siempre existirá entre algunos la tentación de alterar o crear identificaciones falsas o alteradas en su veracidad, por lo que siempre se ha de encontrar a las puertas de los Templos a un miembro de la fraternidad poseedor de un elevado grado de experticia, cuyo trabajo es el de reconocer la calidad y cualidad masónica de la persona que se presenta a las puertas, del resultado o satisfacción de esta exanimación de permitirá o negará el ingreso, esto se le llama *Reteje*.

Muy claro son los documentos propios de la francmasonería, muy comunes y fáciles de encontrar en múltiples libros y publicaciones de diversos idiomas y épocas, por lo cual no es misterio alguno, donde se encuentra la parte primera de este *Reteje*:

> P.- ¿Sois masón?
> R.- Todos mis Hermanos me reconocen como tal!
> P.- ¿En qué conoceremos si sois Masón?
> R.- En mis signos, palabras y tocamientos, y en las circunstancias de mi recepción fielmente hecha
> P.- ¿Cuáles son los tocamientos?
> R.- Los que sirven para reconocerse recíprocamente

Estos signos, palabras y tocamientos en la francmasonería variarán según el *grado* alcanzado por el miembro de la institución a medida que va realizando los estudios respectivos, y que responden a lo que se denomina *aumento de salario*. Es de esta forma que este secreto será incrementado paulatinamente en la medida que el francmasón desarrolle su experticia en el conocimiento recibido.

El secreto francmasónico no indica un sentimiento de superioridad ante el otro, sino el otorgamiento simbólico de principios espirituales, morales y éticos que deben ser desarrollados y puestos en práctica, no para la vanagloria individual sino en el reconocimiento de una obra superior comenzada por la Divinidad, el cual es la Humanidad misma.

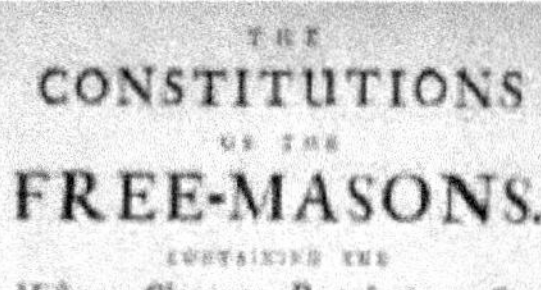

EL RITO EN LA FRANCMASONERÍA

La francmasonería se expresa en los denominados ritos francmasónicos, lo que puede causar un poco de confusión al *profano*[27] que se acerca a conocer un poco más de la institución, es por eso que se hace necesario aclarar algunos aspectos sobre este particular.

El Rito es un vocablo originario del latín *ritus* que significa costumbre o ceremonia, realizando un paseo por el Diccionario Enciclopédico de la Masonería[28] es posible encontrar que el rito es establecido como el:

> *...orden, costumbre, ceremonia, y por extensión cualquiera de las prácticas y fórmulas, usuales en todos los cultos. Los ritos no solo suelen diferenciarse en todas las*

---

[27] Se denomina profano a la persona que no ha sido iniciada en francmasonería.
[28] Editorial del Valle de México S.A. de C.V. p. 1145 del Tomo III. Escrito por Lorenzo FrauAbrines.

*religiones, sino que aún, dentro de cada una
de ellas, existen estos en gran número.*

Ahora bien, es esta misma fuente[29], al referirse a los Ritos Masónicos expresa, en reconocimiento de la existencia de varias expresiones ritualistas, que el rito *es el conjunto de reglas o preceptos, de conformidad con los cuales, se practican las ceremonias y se confieren, o por mejor decir, se comunican, los signos, toques, palabras y todas las demás instrucciones secretas de los grados.* Más adelante viene a exponer:

> *...de conformidad con los acuerdos tomados en el Gran Convento de los Supremos Consejos del Rito, reunidos en Laussanne en septiembre de 1875, la Orden Masónica se halla dividida en diferentes Ritos, reconocidos y aprobados, que, aunque diversos todos, emanan, sin embargo, del mismo manantial y tienen mismo fin.*
> *Un masón, de cualquier Rito que sea, con tal que se halle reconocido, es Hermano de todos los masones del Globo.*
> *Cada Rito, Tiene su autoridad regulariz y su jerarquía propia.*

---

[29] Editorial del Valle de México S.A. de C.V. p. 1146 del Tomo III. Escrito por Lorenzo FrauAbrines.

Todo Rito reconocido, es perfectamente autónomo e independiente. Los actos administrativos que emanan de sus jefes, no son obligatorios más que para los manantiales de su obediencia.

El Rito, mi estimado lector, es una forma de expresión o de hacer las cosas de forma invariable y repetitiva, basada en una tradición, que en el caso de la francmasonería, contiene formas diversas de "hacerse" según las características propias del lugar donde se desarrolló o de la interpretación que le dieron los hermanos que trabajaron la francmasonería, para mantener de la mejor manera esa tradición que se comentó anteriormente y que trata de llevar la concentración del individuo al debate de temas intelectuales y filosóficos, es por eso que en la francmasonería no existe un único rito, sino una diversidad de ellos, lo que es lógico, al ser nuestra institución una ventana del libre pensamiento.

En la francmasonería es posible encontrar una gran diversidad de ritos, como fue brevemente comentado en líneas anteriores, entre los cuales cabe destacar:

1.- Rito Francés: El Rito Francés, también conocido como Rito Francés Moderno o Rito Moderno parte de un Rito creado en la ciudad de París en 1761 originando el nacimiento de la Gran Logia de Francia (luego Gran Logia Nacional) en

1773, cuenta desde el año de 1786 con un sistema de siete (7) grados divididos en dos (2) bloques, a saber los grados simbólicos (constituidos por los grados de Aprendiz, Compañero y Maestro) y los grados capitulares (Maestro Elegido, Maestro Escocés, Caballero de Oriente y Caballero Rosacruz).

2.- Rito de Menphis-Mizraim: Sistema producto de la unión de los Ritos de Menphis y el de Mizraim, es un rito que no es plenamente europeo sino que cuenta con influencias de las corporaciones masónicas que sobrevivían en Siria y el Líbano, las cuales se encontraron en los tiempos de las exploraciones napoleónicas en el Medio Oriente y en Egipto, dando inspiración a lo que es hoy un método de noventa y cinco (95) grados.

3.- Rito York o Masonería del Real Arco.

4.- Rito Escocés Antiguo y Aceptado.

De los últimos dos (2) ritos me referiré un poco más adelante.

Existe la tendencia de emplear términos diversos como si fueran pares… como lo son el de rito, ceremonia y liturgia y ya al tener entendido que el ritual es el conjunto de normas referentes a la realización de una ceremonia, cabe entonces la pregunta ¿Qué es una ceremonia?

La ceremonia es el *acto solemne de celebrar de acuerdo a determinadas normas dictadas por la ley o la costumbre*[30], también es entendida en términos francmasónicos como *el conjunto de actos y fórmulas, con las cuales realiza la francmasonería sus misterios y altos fines, ajustándose a ciertas prescripciones y liturgias adoptadas de antemano*[31].

Ahora bien, en torno a la liturgia, se tiene que esta es la expresión escrita, sea en folleto, facsímil o libro, que entendido como emanado de un órgano oficial, reproduce fielmente la forma aprobada para la celebración de los trabajos, en este caso particular, de los trabajos francmasónicos, en sus diferentes ritos y grados. Cabe destacar que en los tres (3) primeros grados de la francmasonería, llamados grados simbólicos[32], son universales e invariables en todo el orbe.

Grosso modo el rito es la visión masónica producida por la tradición, usos y costumbres de la práctica de la francmasonería en una forma constante e invariable que se expresa de forma práctica en la ceremonia, en las logias o asambleas de los demás cuerpos francmasónicos existentes[33], y que están descritos en la liturgia. Para ello

---

[30] Diccionario Pequeño Larousse Ilustrado, 2000. p. 885

[31] Diccionario Enciclopédico de la Masonería. Tomo I. p286

[32] Grado de Aprendiz Masón, Compañero Masón y Maestro Masón.

[33] Capítulos Rosacruces, Consejos Kadosh y Cuerpos Administrativos en el caso del Rito Escocés Antiguo y Aceptado.

usaré a continuación un cuadro explicativo para dar luces al respecto.

Cuadro Explicativo

	Francmasonería	**Música**
Norma	Rito	Estilo
Ejemplo	Rito Escocés Antiguo y Aceptado	Jazz
Práctica	Ceremonia	Concierto
Indicación Escrita	Liturgia	Partitura

La francmasonería de hoy en día o también conocida como francmasonería especulativa, es el resultado de la evolución de la que fue la masonería operativa (constructora de edificaciones físicas), que se constituyó en una serie de cofradías (colegios profesionales o sindicatos de su época) cuyos miembros se llamaban entre ellos hermanos o compañeros, quienes además de ejecutar el arte de la construcción, deseaban comprender su conocimiento práctico e ir más allá de la simple aplicación taxativa de las técnicas operativas de su oficio, llevando sus obras a la sintonía con la naturaleza, que desde tiempos lejanos se conocía con el nombre de Arte Real, transmitiéndose este conocimiento por un proceso de iniciación y que se organizaba originalmente en dos (2) grados fundamentales, el de Aprendiz y el de Compañero, donde el mundo de las ciencias se encerraba en un gran nombre general: La Geometría.

Hago un aparte breve para indicar que estas corporaciones o cofradías medievales contienen manifestaciones ciertas de los Collegia Fabrorum Romanos. Siendo la Roma Antigua una sociedad que gustaba del orden de sus instituciones, desde la constitución de la Ley de las XII Tablas se organizaron las corporaciones que funcionarían bajo la visión y control del Estado o en este particular de la ley romana. Estos Collegia Fabrorum[34] tenían sus costumbres internas (respetadas siempre y cuando no violentaran el orden interno de la ley pública), los miembros de los colegios se reunían en

---

[34] Es interesante la relación de estas corporaciones o colegios romanos con francmasonería, en el entendido de que contenían características como:

1.- Cada collegiafabrorum era presidido por un *magister* o maestro, aistido por dos (2) *decuriones*(que representan a los vigilantes en las logias francmasónicas), los cuales representaban a la autoridad entre sus miembros, de igual manera contaban con un tesorero, un secretario, un guarda sellos.

2.- Realizaban sesiones o reuniones bajo estricto secreto y transmitían sus normas y formas de ejecución de su arte, bajo formular ritualistas igualmente secretas, procediendo a juramentar a sus miembros para no revelar lo visto, oído o practicado.

3.- Practicaban la caridad entre sus miembros y disponían de ritos fúnebres propios, siendo los miembros fallecidos enterrados bajo el emblema de su oficio, el cual contenía la escuadra, el compás, y el nivel.

fechas específicas en asambleas dentro de sus propios templos, gozaban de una administración interna propia y realizaban culto al dios romano Jano en las épocas los solsticios de verano y de invierno, que luego en el mundo conquistado por el cristianismo se convirtieron en las festividades de San Juan.

El decaimiento de estas cofradías condujo al ingreso de miembros que no tenían el oficio de la construcción y a los que les otorgó el título de *aceptados*, quienes a su vez se encontraron un espacio excepcional de discusión libre, de los temas que la sociedad consideraban como tabúes o prohibidos, tales como la teología, el estudio de las ciencias apartadas del dogma religioso, el racionalismo, entre otros, lo que en definitiva se institucionalizó el 24 de Junio de 1717, al fundarse la Gran Logia de Londres, luego denominándose Gran Logia de Inglaterra (hoy día Gran Logias Unida de Inglaterra) y a la aparición en el año de 1723 de la primera edición del Libro de las Constituciones de James Anderson, de donde extraigo el siguiente texto:

> *El príncipe Edwin, convocó a todos los masones del reino para que se reuniesen con él en York, donde constituyó una Logia General de la que fue Gran Maestre. Los masones convocados llevaron consigo todos los documentos y códices existentes, algunos en griego, cuales en latín, tales en francés y otros*

> *idiomas, de cuyo contenido aquella Asamblea redactó la Constitución de los deberes y Obligaciones de una Logia inglesa, con fuerza de ley que se había de mantener y observar en todo el tiempo futuro. También señalo buenos salarios a los masones operativos, etc.*

Sea destacable que en esta obra de James Anderson se menciona que los masones que llegaron de Francia fueron designado con el cargo de sobreestantes y tenían es su poder textos antiguos con las obligaciones y reglas que debían de observar las logias y así lograron que el rey reformara la "Constitución de las Logias Inglesas según el modelo extranjero"… este modelo extranjero evidentemente era continental europeo que de seguro contaba con la influencia de las cofradías romanas e incluso más lejanas en el tiempo, de igual manera se debe tener presente que la referida asamblea se data en el año de 926 D.C.

Finalmente y comentando sobre la Francmasonería y el Rito debe exponerse que originalmente no se indica la existencia de una práctica ritual específica (estableciéndosele un nombre como pasa en nuestra actualidad), por lo cual ha de revisarse un poco como se fueron desarrollando estas expresiones modernas.

Se conoce que una forma de hacer o trabajar francmasonería antigua fue la del *antiguo gremio* o *emulación*, que aunque algunos la llamen rito de York por partir de la Asamblea de masones operativos presidida por el príncipe Edwin en la ciudad que lleva este nombre y que fue mencionada párrafos atrás, solo se le otorgó esta designación ya entrado el siglo XIX, haciendo referencia que antes de 1813 no se podían encontrar liturgias o formas escritas de hacer francmasonería ya que se encontraba prohibido en el respeto de pasar el conocimiento de boca a oído, que es la tradición oral y obligatoriedad del ejercicio de la buena memoria entre los miembros del gremio operativo.

La Gran Logia Unida de Inglaterra se encontró en su momento con el problema del crecimiento de las logias y de miembros, quienes fueron colocando o removiendo los aspectos que consideraban necesario bajo las particulares visiones que se tenían, sumado al inconveniente de las traducciones en diversos idiomas o dialectos, es así que en un ánimo de normalizar y reglamentar de forma universal la expresión ritual de la francmasonería que mantuviera la esencia y tradición del *antiguo gremio*, se creó en el año de 1823 a la *Emulation Lodge of Improvement*[35] o Logia de mejoramiento

---

[35] The Emulation Lodge of Improvement tiene su referencia inicial en la Lodge of Reconciliation, fundada en diciembre de 1813 para establecer y resguardar la forma de trabajar el ritual de la Gran Logia Unida de Inglaterra, logia que dejó de funcionar en junio de 1817 luego de que un ritual nuevo fuera aprobado para los trabajos de la Gran Logia y

(perfeccionamiento) de emulación, donde se escribieron los rituales para su correcto aprendizaje y práctica de memoria, acá el nacimiento de lo que hoy se conoce como Rito de Emulación.

---

crearse luego en 1817 la StabilityLodge of Instruction donde se asentó el ritual de los tres (3) grados simbólicos de la francmasonería y que dio nacimiento a la *emulación*.

DEL RITO ESCOCÉS ANTIGUO Y ACEPTADO Y EL RITO YORK

El Rito Escocés antiguo y Aceptado y el Rito York o Masonería del Real Arco, son expresiones muy difundidas en la actualidad, a pesar de existir otros ritos francmasónicos, y pueden entenderse como los más difundidos hoy por hoy, para ello presentaré para ambos ritos una presentación para que sea posible formar una idea de sus comienzos y formación.

El Rito Escocés Antiguo y Aceptado

Es necesario retroceder en el tiempo al año de 1688[36] cuando se produjo en Inglaterra la *Revolución Gloriosa*, que resultó en el fin de los gobernantes católicos en la Gran Bretaña, siendo el rey Jabobo II Estuardo depuesto por el protestante Guillermo III de Orange.

---

[36] Fíjese en que esta fecha es anterior a la Constitución de la Gran Logia de Inglaterra que establece el comienzo formal de la francmasonería especulativa en 1717

Jacobo II de Inglaterra fue recibido en Francia por el rey Luis XIV quien le otorgó una pensión y un palacio donde se asentó con sus caballeros y regimientos (todos católicos por supuesto) procedentes de Escocia, Inglaterra e Irlanda. Resulta que existía la tradición militar ancestral de que cada regimiento fuera acompañado por constructores (logias masónicas?), que como ya mencionamos en la antigua Roma recibían el nombre de *collegia fabrorum* o *eboractum*, y así se constituyó un Capítulo en Clermont; evidentemente los masones *jacobitas,* ya separados de Inglaterra y encontrándose en el continente, no fueron afectados por los sucesos de la creación de la Gran Logia de Inglaterra, así como por la publicación del *Libro de las Constituciones de Anderson*, mas existiendo masonería en Francia, si fueron influenciados por la masonería francesa y fundiéndose también con ella en lo que fue la aparición de los *Ritos Escoceses* y luego apareciendo un rito de 25 grados que llevó el nombre de Rito de Heredom o de Perfección.

En el año de 1761 se le otorgó una carta patente a EtienneMorin para difundir el Rito de Perfección en las Américas, pero con el paso del tiempo se adicionaron a este sistema de veinticinco (25) grados, ocho (8) complementarios más, instituyéndose los treinta y tres (33) del hoy Rito Escocés Antiguo y Aceptado. Esta designación de *escocés* proviene del reconocimiento de la procedencia de las logias *jacobitas* o *estuardaistas*, así como también la referencia de *antiguo y aceptado* se atribuye a la división de la masonería francesa (parecido a lo que ocurrió en Inglaterra), donde se enfrentaron ideas sobre el gobierno y tradición francmasónica entre dos (2) grupos autodenominados los *Antiguos y Aceptados* y los *Modernos*.

Existe una tradición aceptada por la mayoría de los francmasones *escocistas* que indica que el nieto de Jacobo II Estuardo, Carlos Eduardo Estuardo, confirió a Federico Guillermo II de Prusia la dignidad de Gran Maestro de la *masonería antigua* para que en 1782 se confirmaran las *Constituciones de Burdeos* y en la previsión de fututas y potenciales modificaciones que pudieran llevar a la anarquía en la francmasonería, así como el deseo de la sujeción futura a las reglas y tradiciones, se amplió las escala a treinta y tres (33) grados, para que el último de los miembros investidos con el último de estos, *Ilustres y Poderosos Hermanos*, encabezados por un *Gran Comendador*, se encargaran del gobierno y dirección del Rito en un Supremo Consejo del Grado 33.

Cuadro Expositivo de los Grados
del Rito de Perfección

Grado	Nombre
1	*Aprendiz*
2	*Compañero*
3	*Maestro*
4	*Maestro Secreto*
5	*Maestro Perfecto*
6	*Secretario Intimo*
7	*Intendente de los Edificios*
8	*Preboste y Juez*
9	*Maestro Elegido de los Nueve*
10	*Maestro Elegido de los Quince*
11	*Elegido Ilustre jefe de las 12 Tribus*
12	*Gran Maestro Arquitecto*
13	*Caballero del Real Arca*
14	*Gran Elegido Antiguo Maestro Perfecto*
15	*Caballero de la Espada o del Oriente*
16	*Principe de Jerusalén*
17	*Caballero de Oriente y Occidente*
18	*Caballero Rosacruz*
19	*Gran Pontífice*
20	*Gran Patriarca Noaquita*
21	*Gran Maestro de la Llave de la Masonería*
22	*Príncipe del Líbano*

23	*Caballero del Sol, Príncipe Adepto, Jefe del Consistorio*
24	*Ilustre Caballero, Gran Comendador del Águila Blanca y Negra*
25	*Ilustrísimo Soberano, Príncipe de la Masonería, Gran caballero Sublime, Comendador del Real Secreto*

El Rito York o Masonería del Real Arco

La Masonería del Arco, comúnmente conocida como *Rito York* es en algunas zonas geográficas no muy conocida, pero que por otro lado, es ampliamente difundida en Inglaterra, los Estados Unidos de Norteamérica y algunas zonas de Europa, así como también en diversos países latinoamericanos como lo son Perú, Ecuador, Brasil y con algún repunte en Venezuela.

Es generalmente aceptado que en la historia de la francmasonería, que en su época operativa, esta se reorganizó en la ciudad de York en Inglaterra hacia el año del 926 D.C. suceso producido por la gracia y estima que el Rey Athelstan tenía para con la masonería, siendo considerado por este rey, cómo de alta prioridad, la creación de leyes que organizaran y armonizaran a este gremio de constructores, así como también a toda la Inglaterra de la época. Es así que bajo este impulso primario se logró la producción y establecimiento formal de unas las normas que pasaron a ser *Las*

Constituciones de York, las cuales con el pasa del tiempo serían destruidas, sobreviviendo solo una copia que sería encontrada en Alemania en el año de 1810.

Del *Manuscrito de York* o *Constituciones de York*, se extrae a continuación una pequeña parte de las reglas de la masonería que ya se practicaba en ese entonces y que evidentemente era antigua, las cuales se entregaron al príncipe Edwin, y que sin duda serían las bases de los *landmarks*[37], el extracto es el siguiente:

> *… 1.- Vuestro primer deber es honrar a Dios*
> *y observar sus leyes…*
> *Y*
> *3.- Estad siempre presto a auxiliar a los otros a*
> *quienes os unen en lazos de verdadera amistad,*
> *sin que para ello sirva jamás de obstáculo la*
> *diferencia de religión o de opinión.*

La Masonería del Real Arco es un Rito que por algunos es considerado como la culminación de la *masonería simbólica*, por lo que su existencia es el de ser como un proveedor de luces adicionales a los grado de Maestro Masón, en referencia a la reconstrucción del templo del Rey Salomón como representación del Templo Espiritual

---

[37] Los *landmarks* o linderos son normas básicas de la francmasonería actual

de la Humanidad, empleando sus grados por medio de leyendas y tradiciones. Sus primeras referencias escritas se encuentran en Inglaterra a partir de 1730.

Los miembros de la Masonería del Real Arco se llaman entre ellos Compañeros (proveniente de la palabra *Compagnion* o *FellowCraft*) y sus reuniones o asambleas se realizan en un Capítulo, el cual a su vez se encuentra bajo la jurisdicción de un Gran Capítulo. La alegoría en la exaltación de un Maestro Masón a los grados del Real Arco se basa en la tradición del *Antiguo Testamento*, en donde se encuentran las narraciones del retorno hebreo a la ciudad de Jerusalén luego de estar el pueblo de Israel cautivo en tierras babilonias que trajo la necesidad de reconstruir la ciudad y el Templo de Salomón (el cual sería el segundo Templo).

La historia cuenta que en los trabajos de remoción de escombros y reforzamiento de las bases del Templo fueron encontrados artículos del primer Templo que habían sido resguardados del saqueo y destrucción de años anteriores que llevaron a la comprensión de la necesidad del Hombre de la presencia de la Divinidad, internalizando la conexión del individuo con el Ser Supremo sin importar la religión que sea practicada.

Para algunos, la Masonería del Real Arco es el complemento justo de la *pura y antigua masonería*, en ella el candidato a ingresar (un Maestro Masón), se reconoce como un ser espiritual, pues es su esencia, por lo cual ha completado el destino inevitable del Hombre; el mensaje central del Rito del Real Arco es visto como la expresión del sendero del conocerse a uno mismo por medio de las lecciones que la Orden de la Francmasonería entrega a sus miembros, reforzando el aspecto sublime del ser humano como parte del Todo en el Universo.

Debe indicarse que los diferentes ritos existentes en la Francmasonería no implican una rivalidad entre ellos, simplemente son formas de *trabajar* la masonería en forma distinta pero buscando un mismo fin y por supuesto respetando la universalidad de los grados simbólicos, para que su practicante sea un mejor individuo para el provecho de la comunidad donde se desenvuelva.

Grados en el Rito Escocés Antiguo y Aceptado y en la Masonería del Real Arco

Grado	Rito Escocés Antiguo y Aceptado	Masonería del Real Arco
1	*Aprendiz Masón*	
2	*Compañero Masón*	
3	*Maestro Masón*	
	Logia de Perfección	**Capítulo**
4	*Maestro Secreto*	
5	*Maestro Perfecto*	*Maestro de la Marca*
6	*Secretario Íntimo*	

7	*Preboste y Juez*	*Past Master*
8	*Intendente de Construcciones*	
9	*Elegido de los Nueve*	
10	*Elegido de los Quince*	*Muy Excelente Maestro*
11	*Sublime Caballero Elegido*	
12	*Gran Maestro Arquitecto*	
13	*Caballero del Real Arco*	*Masón del Real Arco*
14	*Perfecto y Sublime Masón*	
	Capítulo Rosacruz	**Grado Críptico**
15	*Caballero de Oriente*	*Maestro Real*
16	*Príncipe de Jerusalén*	
17	*Caballero de Oriente y Occidente*	*Maestro Selecto*
18	*Soberano Príncipe Rosacruz*	
	Ilustre Consejo Kadosh	*Maestro Super Excelente*
19	*Gran Pontífice*	
20	*Venerable Gran Maestro de todas las Logias Regulares*	
21	*Caballero Prusiano*	**Orden de Caballería**
22	*Príncipe del Líbano*	*Caballero de la Cruz Roja*
23	*Jefe del Tabernáculo*	
24	*Príncipe del Tabernáculo*	

25	Caballero de la Serpiente de Bronce	Orden de los Caballeros de Malta
26	Príncipe de la Merced	
27	Comendador del Templo	
28	Caballero del Sol o Príncipe Adepto	Orden de los Caballeros del Temple
29	Gran Escocés de San Andrés	
30	Caballero Kadosh	
	Grados Administrativos	
31	Gran Inspector	
32	Sublime Príncipe del Real Secreto	
33	Soberano Gran Inspector General	Caballero Templario

EL INGRESO EN LA FRANCMASONERÍA: LA INICIACIÓN

La institución francmasónica no busca a sus miembros, como puede pasar en otro tipo de organizaciones, tampoco realiza publicidad para captar personas para que ingresen en sus filas... cada individuo busca a la orden y la puede encontrar. Ahora bien, no es que cualquiera que desee ingresar a la francmasonería va a entrar libremente de una vez... como toda organización, la francmasonería, posee un sistema de selección básico, entonces ¿Cómo es este proceso?

Lo primero que se le indica a la persona que manifiesta su deseo o voluntad de ingresar es su edad, la edad mínima para realizar la solicitud de ingreso es de veintiún (21) años, edad que desde tiempos remotos se entendió como el de la verdadera mayoría de edad, aquella que entregaba la capacidad, como la entienden los abogados[38], y la suficiente claridad mental para

---

[38] La capacidad es la aptitud que posee un sujeto para establecer relaciones jurídicas válidas como lo es la institución del matrimonio, ce-

responder por cada uno de los actos que realicen.

Entonces, a esta persona de mínimo veintiún (21) años, se le hace una pregunta: ¿Eres libre y de buenas costumbres?, parece hasta risible la interrogante, pero la tradición en la que se vio envuelta la francmasonería desde sus comienzos, con una sociedad de clases sociales muy marcadas y hasta la existencia de esclavismo, requería de que sus miembros no fueran *vasallos* o *esclavos*, por ende no libres en el sentido estricto de la palabra; ahora bien, en la actualidad, esta libertad va mucho más allá y arropa la libertad de consciencia y reconocimiento de la responsabilidad que tiene cada persona para con otra (su semejante), para con la sociedad y hasta con la misma Divinidad en la que crea, es así que la pregunta se encuentra aún vigente. Así mismo sucede con la parte referente a las buenas costumbres, como parte del comportamiento bueno y deseable en esa sociedad en la que se vive (moral), es decir, se estima como ideal a una persona que desee realizar progresos como individuo, estudioso, sin inconvenientes con la ley, de correcto proceder, entre otras más cosas... la francmasonería no es un reformatorio, muy por el contrario, ya que es una institución de hombres buenos que tratan de ser simplemente mejores.

---

lebrar contratos, trabajar y poseer bienes, entre otros, lo que conlleva igualmente la adquisición de deberes y responsabilidades.

Siguiendo entonces con este particular, se encuentra esta persona mayor de 21 años, libre y de buenas costumbres que toca a las puertas de una logia, pero ¿Falta algo más?... Si! Creer en Dios…correcto, al contrario de lo que muchos piensan, en la francmasonería se requiere que el individuo profese la creencia en un Ser Superior, llámese Dios, Alá, Jehovah, Hashem[39] pues muy claro es el mismo y ya mencionado libro *de las Constituciones de Anderson* cuando expone que *los masones no pueden ser ni estúpidos ateos ni libertinos religiosos.*

Adicionalmente es recomendable que la persona que desea ingresar posea algún grado de instrucción (aunque no es limitativo) y posea medios propios para su sustento, pues ser miembro de una logia tiene sus cargas monetarias particulares, como lo es el pago de los derechos de ingreso o la capitación[40] mensual para el mantenimiento del local.

El caballero profano[41] es llamado a formalizar su

---

[39] Hashem es uno de los nombres de Dios en la tradición judaica.

[40] Como cualquier organización, una logia establece un pago mensual para el sostenimiento de su local de funcionamiento como lo tiene un club, un colegio o un condominio, ya que se debe pagar los servicios básicos como agua, electricidad, telefonía, limpieza, entre otros.

[41] La persona que se dirige a una logia y solicita su ingreso o la visita para conocer las instalaciones y sus miembros, es llamado caballero profano, no como una designación despectiva sino como la referencia a que aún no ha sido iniciado en los misterios de la francmasonería.

solicitud, la cual debe ser apoyada por un mínimo de tres (3) Maestros Masones que respalden la buena voluntad de esta persona, y es poco a poco conocido por todos los miembros de la logia e incluso invitado a actividades francmasónicas externas como tenidas blancas, ágapes o charlas para crear y probar la afinidad de este con los francmasones, ya que es de indicar que luego de su potencial iniciación, será acogido entre todos como un hermano más y que la fuerza de la francmasonería descansa en el sincero amor fraternal entre sus miembros.

Cabe destacar que la aprobación del ingreso, por medio del proceso de iniciación masónica, no recae en un pequeño grupo, sino que requiere del acuerdo unánime de la logia (lo que incluye aprendices, compañeros y maestros), igualmente pasa el nombre de este caballero profano, junto con sus datos básicos, por cada una de las logias de la jurisdicción para ver si algún miembro de la francmasonería le conoce y pueda dar referencias ciertas, que posiblemente hayan sido desconocidas por los hermanos de la logia en la que toca puertas[42]. De igual forma se establece una comisión logial, preferiblemente

---

El término profano proviene del latín *profanus*, que indica lo que se encuentra fuera del templo y por ende carece del conocimiento sobre la materia practicada.

[42] Grosso modo, tocar puertas es el proceso de solicitud de ingreso de un caballero profano a la francmasonería.

encabezada por el Venerable Maestro, para realizar una visita a la casa del caballero profano.

Se podrá pensar ¿Por qué una pequeña comisión de francmasones debe visitar a un caballero profano a su casa?... el hecho es simple, para conocer el lugar donde hace vida familiar del potencial futuro hermano. La familia es la institución donde se forman los individuos de una sociedad, donde se inculcan los valores primeros y la persona se manifiesta tal como es, la familia para la francmasonería es de vital importancia pues siendo respetuosos de la armonía de la existencia humana, no se debe ser colaborador en la creación de conflictos que sean perjudiciales para la vida de las personas, es así que inclusive se aclaran dudas a los miembros de la familia del caballero profano y se les pregunta si están de acuerdo en que este ingrese en la francmasonería. Una negativa familiar puede establecer la recomendación de la no iniciación de la persona, pues ¿Qué progresos puede realizar el individuo si tiene un inconveniente profundo en su seno familiar?... la familia de un francmasón es igualmente familia de todos los francmasones.

Ya salvados todos estos aspectos pues queda claro que el siguiente peldaño es la iniciación del caballero profano y su constitución como Aprendiz Masón en una logia. La *iniciación masónica* es una ceremonia en la que se formaliza el ingreso a la Orden, por medio de pruebas simbólicas y que incluye un juramento y comunicación del conocimiento propio del grado que se va a recibir, siendo esta una práctica que se remonta a la antigüedad del gremio constructor operativo.

Sobre la Iniciación

La iniciación es un gran viaje, como lo es el viaje de la vida, toda la humanidad realiza un tránsito en su existencia del cual no es, en la mayoría de los casos, consciente, desde su nacimiento una persona recibe un nombre y este nombre marcará de una u otra forma su vida, este acto de otorgar un nombre a un nuevo ser no es tomado a la ligera por sus padres o familiares, pues se considera importante y siendo entonces importante vemos como cada acto de esta naturaleza es revestido con algún ceremonial o respeto específico y la iniciación masónica debe ser tomada de la misma forma.

Aspectos de la vida como el paso del niño a la pubertad, implica el reconocimiento de la metamorfosis humana, del cambio no solo físico sino mental que se complementará en su tránsito a la adultez. Cada paso en la vida humana, cada acción realizada contiene un significado profundo que debe cambiar para bien la psiquis del Hombre, entonces el nacimiento, la pubertad, la adultez, el matrimonio, el grado de instrucción, la sexualidad, el nacimiento de los hijos, hasta el emprendimiento de un negocio y la muerte son aspectos de las distintas estaciones de la vida y la constitución de un nuevo ser.

Lastimosamente hoy en día el ser humano experimenta muchas de estas etapas de su vida sin celebrarla, agobiado por las tribulaciones inmediatas del mundo, por lo que se pierde la consciencia de esta metamorfosis y que en épocas pasadas no pasaban desapercibidas pero que quedan de una u otra forma en una tradición. Los pueblos en la antigüedad conocían la importancia de la celebración de cada etapa de la vida y así establecieron sus ritos de transición, que comúnmente se denominaron festividades, para conmemorar cada nueva etapa de la vida y generar una energía de armonía para ingresar en esa nueva etapa, como lo fueron las cosechas o las fechas de los solsticios. El hecho de entrar en una nueva etapa se estableció en latín con las palabras *in* e *ire*, este ingreso por medio de un sistema ritualístico dio como resultado que el individuo se iniciara en esta fase nueva, es decir se convirtiera en un iniciado.

Las doctrinas y las prácticas se denominaron *misterios* y fueron muy desarrolladas en Egipto, Roma y Grecia como bien tenemos conocimiento, y su ceremonial se establecía para producir un cambio interno en el novicio o candidato, un cambio que aumentara su consciencia y se expresaron en leyendas simbólicas que facilitaran en un drama teatral el despertar el individuo, así tenemos los rituales del dios Osiris en el antiguo Egipto, el de Orfeo en Grecia y por supuesto la leyenda de Hiram en la francmasonería, que reflejaban la muerte y resurrección. El iniciado era invitado a experimentar que su naturaleza era espiritual y el reconocimiento de la inmortalidad del alma.

La francmasonería establecida en el medioevo, fue la heredera y recolectora de la tradición que ya era antigua y que poseían los colegios de constructores romanos, estos gremios que reunían a constructores especializados en un arte refinado que respetaba la naturaleza y las formas de su expresión, gracias a la profunda reflexión y estudio que realizaban sobre esta, entendieron que en las mismas personas se manifestaba el proceso de transformación a un estado superior, que la materia se podía convertir en materia prima y que esta a su vez en un elemento constitutivo de una obra mucho mayor y que la construcción se volvía en sagrada al reconocer que en el Universo, en la naturaleza y en el Hombre se aplicaban las mismas leyes y reglas, por lo cual el proceso de arquitectura universal era concordante con la vida humana y que la Causa Primaria (o Dios para ponerle un término) podía alegóricamente denominarse Gran Arquitecto del Universo.

Este descubrimiento tenía que ser cuidado y pasado de una a otra generación de miembros de esas cofradías, creándose deberes y formas de convivencia tanto profesional como personal, con principios éticos sólidos que pasaron a convertirse en el cultivo de las virtudes, permitiendo la colaboración entre los operarios de las obras y la relación armonioso con la sociedad, y el compartir sincero y asistencia mutua y la posibilidad de laborar y desplazarse según la necesidad de levantamiento de nuevas edificaciones, creándose los principios de libertas, igualdad y fraternidad.

La iniciación era la recepción de un nuevo obrero al gremio, donde se expresaba la práctica del candidato en sus habilidades y capacidades perdónales y artísticas para solventar inconvenientes propios de su profesión y de la vida misma, todos con extremo cuidado ceremonial y comunicando luego los signos, palabras y tocamientos que le permitirían reconocerse entre ellos como un profesional de la construcción y el nivel de pericia del mismo, con la obligación de jurar no revelar los secretos profesionales y ser fiel a sus hermanos y a toda la cofradía de constructores en general. El ceremonial de la masonería operativa incluida lecturas de pasajes bíblicos y de los *Antiguos Deberes* de los masones, así como leyendas alegóricas que permitían la instrucción en las mentes de la época, donde la geometría, las matemáticas y demás ciencias debían ser transmitidas correctamente para su aplicación precisa y sin errores.

Es de entender, hoy por hoy, que a pesar de que el mundo ha cambiado y el conocimiento se ha desarrollado gracias a las ciencias y a la tecnología, la francmasonería pretende el desarrollo interno del ser, y que estas herramientas actuales del Hombre lo han llevado ir afuera del el mismo, pero no dentro del él. Todo ser humano, independientemente de su grado de instrucción, o posición social, contiene dentro de si el reconocimiento de que existe algo mucho más grande que él, y el proceso de iniciación en la francmasonería va en el ánimo de despertar esa consciencia que es la voz de Dios en cada uno de nosotros, no es una fórmula mágica, no es convertirse un hacedor de prodigios de supercherías, el prodigio real es el de tener la voluntad de ser una mejor persona, en levantar el espíritu del individuo.

El francmasón de la época especulativa se inicia en el camino de la construcción de un templo más sutil y más laborioso que el de un templo físico, ese templo es el mismo. La iniciación revela los materiales con que dispone y las herramientas simbólicas que debe emplear inteligentemente y que corresponde a los valores humanos universales. Construir *la verdad* en el uso de la razón y que lo pequeño y lo grande se encuentran en un punto medio que ha de equilibrar.

La búsqueda de la verdad es una odisea interna y la masonería simbólica concentra sus esfuerzos en el perfeccionamiento humano que a través de la vía iniciática indica la necesidad de la elevación espiritual de cada uno de nosotros, revelando que el paso de los Hombres por la tierra implica momentos felices pero también momentos amargos y ninguno de ellos debe ser rehuidos porque son parte del Todo, incluso la muerte, pues es parte de la vida.

El iniciado, en la francmasonería, es un buscador de la Luz, la pide sin miramientos, es decir, quiere encontrar la Luz, símbolo del conocimiento, el cual es liberador pero que como contraprestación conlleva la responsabilidad del Deber. La francmasonería es así una institución de hombres no solamente libres y de buenas costumbres, sino de valientes, de seres que accionan en el encuentro de lo desconocido para logra un fin superior, apuesta el todo por el Amor al conocimiento, el conocerse a sí mismo.

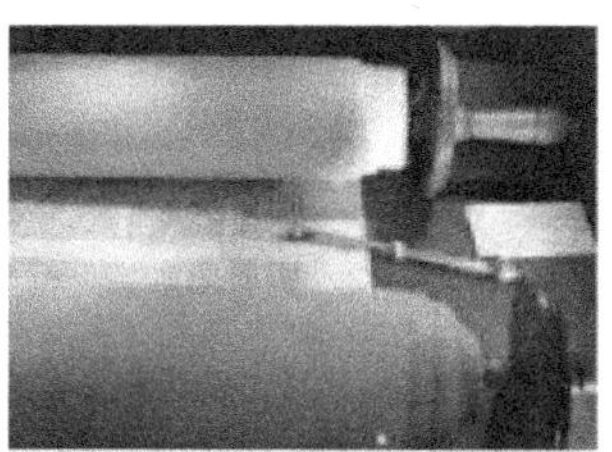

ALGUNAS REFLEXIONES FINALES

Realizando una revisión del Volumen de la Ley Sagrada[43], se encuentra la interesante Epístola del Apóstol San Pablo a Los Romanos donde se extrae la siguiente expresión, a saber:

> *Y yo sé que en mí (es a saber, en mi carne) no mora el bien: porque tengo el querer, mas efectuar el bien no lo alcanzo. Porque no hago el bien que quiero; mas el mal que no quiero, éste hago. Y si hago lo que no quiero, ya no lo obro yo, sino el pecado que mora en mí. Así que queriendo yo hacer el bien, hallo esta ley: Que el mal está en mí. Porque según el hombre interior, me deleito en la ley de Dios. Más veo otra ley en mis miembros, que se revela contra la ley del espíritu, y que me lleva cautivo a la ley del pecado que está en mis miembros.*[44]

---

[43] Texto bíblico.
[44] Epístola del Apóstol San Pablo a los Romanos, Capítulo 7, versículos

Grosso modo la Epístola referida expone el tema de la fe, el respeto de la ley (la ley espiritual que conecta la Toráh Hebrea y las enseñanzas del Maestro Jesús) y las acciones de los Hombres en ánimo de la salvación o vida eterna. Tema que no es ajeno a los estudios masónicos que desde el mismo Grado de Aprendiz Masón se comienzan a vislumbrar, fundamentados ya en la misma apertura del Volumen de la Ley Sagrada en el Salmo 133, donde la vida para siempre jamás se encuentra en un deber "...habitar los hermanos igualmente en uno!"[45], el cual puede verse como un ejercicio de hacer lo que se debe y no lo que el llamado del vicio a la carne quiere. A esto la Francmasonería lo llama Fraternidad, uno de los tres pilares que junto a la Libertad e Igualdad forman el lema universalmente conocido.

Muchas veces las personas en su vida se encuentran en situaciones donde se enfrentan lo que se quiere y a lo que no se quiere, en otras palabras, ¿Cuántas veces no se presenta el dilema entre el deber y el querer en el Hombre?, si esto le sucede al profano, ¿Qué no será para el iniciado en la francmasonería? La responsabilidad del

---

18 al 23. La Santa Biblia, Antiguo y Nuevo Testamento. Antigua versión de Casiodoro de Reina (1569), Revisada por Cipriano de Valera (1602). Revisiones en 1862 y 1909
[45] Salmo 133. La Santa Biblia, Antiguo y Nuevo Testamento. Antigua versión de Casiodoro de Reina (1569), Revisada por Cipriano de Valera (1602). Revisiones en 1862 y 1909

conocimiento que se va develando es una pesada carga que en silencio lleva a sus espaldas y acá un ejemplo:

> *Y les dice: Está muy triste mi alma, hasta la muerte: esperad aquí y velad. Y yéndose un poco adelante, se postró en tierra, y oró que si fuese posible, pasase de él aquella hora. Y decía: Abba, Padre, todas las cosas son a ti posibles: traspasa de mí este vaso; empero no lo que yo quiero, sino lo que tú. Y vino y los halló durmiendo; y dice a Pedro: ¿Simón, duermes? ¿No has podido velar una hora?. Velad y orad, para que no entréis en tentación: el espíritu a la verdad es presto, más la carne enferma. Y volviéndose a ir, oró, y dijo las mismas palabras. Y vuelto, los halló otra vez durmiendo, porque los ojos de ellos estaban cargados; y no sabían que responderle. Y vino la tercera vez, y les dice: Dormid ya y descansad: basta, la hora es venida; he aquí, el Hijo del hombre es entregado en manos de los pecadores.*[46]

---

[46] El Santo Evangelio según San Marcos, Capítulo 14, versículos del 34 al 41. La Santa Biblia, Antiguo y Nuevo Testamento. Antigua versión de Casiodoro de Reina (1569), Revisada por Cipriano de Valera (1602). Revisiones en 1862 y 1909

Este texto coloca al Maestro Jesús, para muchos representación máxima de la Divinidad en la Tierra, como un ser que en su momento sufrió al igual que cualquier ser humano, que desbordó tristeza, y que lo sorprendió el deseo de desprenderse de hacer lo que no quería, impulsándolo a consultar la posibilidad de evitar la realización de un deber máximo como el entregar su vida, pero que al final enseña magistralmente que el sometimiento de la voluntad propia a la de un fin superior y la voluntad de Dios es el deber ser del iniciado, del Hombre que sabe que incluso la muerte física no es el fin, es como se manifiesta en la francmasonería, *someter mi voluntad a las decisiones de la mayoría.*

El enfrentamiento entre el querer y el deber es una batalla amarga y dolorosa para el iniciado, es la prueba de la templanza del francmasón que se debate en hacer lo correcto y justo y apartar el error por medio de la recuperación de la razón. Todo muy fácil en el papel pero que en el ejercicio de la vida es una labor extenuante que requiere del máximo esfuerzo del constructor de la paz, aquel que ha jurado estudiarse a sí mismo y corregir sus defectos, pues no pocas veces esta concepción chocará en la misma concepción de la búsqueda de la felicidad personal.

Pero si existe un enfrentamiento entre lo que se quiere y lo que se debe, es necesario comprender estos conceptos, en concordancia con el ánimo de desarrollar la inteligencia y el conocimiento; lo que es la purificación personal.

Luces sobre el Querer

Según la RAE[47] el querer proviene del latín *quaerere* que significa buscar, pedir; lo que es interesante en primera línea, aunque su significado aparece como el de desear o apetecer, y este deseo implica según su significado, la voluntad individual de ejecutar algo, es la pretensión del logro de algo a lo cual se inclina la persona.

Si querer es buscar, entonces el iniciado se debe hacer la pregunta ¿Qué busca el francmasón?, ¿Qué busco como francmasón?; Si querer es pedir, de igual forma el cuestionamiento ha de ser ¿Qué pide el francmasón?, ¿Qué pido como francmasón?, que en su fondo lleva concordancia al razonamiento del famoso soliloquio de Hamlet[48]:

> *Ser o no ser… He ahí el dilema.*
> *¿Qué es mejor para el alma, sufrir insultos*
> *de Fortuna, golpes, dardos, o levantarse en*
> *armas contra el océano del mal, y oponerse a*
> *él y que así cesen?.*
> *Morir, dormir… Nada más; y decir así*
> *que con un sueño damos fin a las llagas del*
> *corazón y a todos los males, herencia de la*

---

[47] Real Academia Española, en su diccionario
[48] Obra de Willian Shakespeare, escrita alrededor del año 1600

carne, y decir: ven, consumación, yo te deseo.
Morir, dormir, dormir… ¡Soñar acaso! ¡Qué
difícil! Pues en el sueño de la muerte ¿qué
sueños sobrevendrán cuando despojados de
ataduras mortales encontremos la paz?
He ahí la razón por la que tan longeva llega
a ser la desgracia.
¿Pues quién podrá soportar los azotes y las
burlas del mundo, la injusticia del tirano,
la afrenta del soberbio, la angustia del amor
despreciado, la espera del juicio, la arrogancia
del poderoso, y la humillación que la virtud
recibe de quien es indigno, cuando uno
mismo tiene a su alcance el descanso en el filo
desnudo del puñal?
¿Quién puede soportar tanto? ¿Gemir tanto?
¿Llevar de la vida una carga tan pesada?
Nadie, si no fuera por ese algo tras la muerte
—ese país por descubrir, de cuyos confines
ningún viajero retorna— que confunde
la voluntad haciéndonos pacientes ante el
infortunio antes que volar hacia un mal
desconocido.
La conciencia, así, hace a todos cobardes
y, así, el natural color de la resolución se
desvanece en tenues sombras del pensamiento;
y así empresas de importancia, y de gran valía,
llegan a torcer su rumbo al considerarse para
nunca volver a merecer el nombre de la acción.

> *Pero, silencio… la hermosa Ofelia ¡Ninfa, en*
> *tus plegarias, jamás olvides mis pecados!*

Aquel que se enfrenta a la iniciación masónica continuamente enfrenta la pregunta del querer continuar, incluso se le manifiesta que no hay nada de malo si decide abandonar el proceso iniciático.

El iniciado, en la francmasonería, es un buscador de la Luz, la pide sin miramientos, es decir, quiere encontrar la Luz, símbolo del conocimiento, el cual es liberador pero que como contraprestación conlleva la responsabilidad del Deber.

El Querer es un complejo enramado de sensaciones, sentimientos y pensamientos, es el tratar de organizar las comunicaciones entre la razón y las emociones, Qué difícil tarea para un simple mortal!; La ignorancia del profano le hace vivir en la felicidad efímera, pero para el francmasón la felicidad se encuentra en el descubrimiento de la Vida Eterna, es una recompensa de gran valía, porque la inmortalidad no es de la carne, sino del espíritu, pero es un camino de espinas, dolor, esfuerzo y sacrificio, en palabras del insigne francmasón Sir Winston Churchill "sangre, sudor y lágrimas". Pero no todo sacrificio es Justo, es por ello que la dificultad se encuentra en develar interiormente que es lo Justo y Correcto y la respuesta no es general sino particular en cada uno de los iniciados.

Si en un momento se quiso seguir los pasos de los sucesores del Maestro Asesinado por las expresiones del Mal, pues su momento llegará para laborar en el arreglo y organización de los instrumentos rotos y tirados de algún otro Maestro… al fin y al cabo el Maestro es uno mismo y el Mal, representación de lo Injusto y lo Incorrecto, siempre estarán presentes. Un sabio francmasón comentó una vez que los francmasones siempre se encuentran en búsqueda de lo que se había perdido, una de esas búsquedas es la felicidad, pero que difícil es ser feliz! porque en el camino del Hombre esa búsqueda puede estar en la felicidad ajena, entonces: Ser feliz Uno mismo o hacer feliz a los demás es una encrucijada de difícil paso para todo iniciado en la vida y los sacrificios están al orden del día.

Sobre el Deber

Gran palabra con tan pocas letras… el deber es según la RAE la *obligación de corresponder a alguien en lo moral. Cumplir obligaciones nacidas de respeto, gratitud u otros motivos*, a su vez moral, término que condiciona al deber u obligación es definido como lo *perteneciente o relativo a las acciones de las personas, desde el punto de vista de su obrar en relación con el bien o el mal y en función de su vida individual y, sobre todo, colectiva.*

Pero una nueva pregunta puede aparecer: ¿Qué es el bien y Qué es el mal?... esto es una conexión del deber con el querer, hacer lo correcto o justo o lo hacer lo incorrecto o injusto, acá un simbolismo más del piso enlozado de los templos masónicos donde el iniciado camina, es imposible mantenerse circunvalando únicamente en cuadros blancos o solo en cuadros negros. Entonces, el deber de un francmasón al entrar al orden en un templo es marchar según la norma del grado en que trabaje, y avanzará entre cuadros blancos y negros, a pesar de que quiera solo dar sus pasos en cuadros de un solo color, por ende el deber del Hombre, aunque establecido en una norma, indicará su en la Tierra oscilando entre lo correcto y el error, a pesar de que quiera solo hacer lo justo, una paradoja que debe asimilar y donde radica la perfección, porque la perfección no significa no equivocarse sino hacer lo que considera es lo mejor... esto es significado del hebreo Kadosh, lo santo o perfecto, es así que el producto de enlazar el querer con el deber es la santidad del iniciado.

La concepción del deber es tan importante que el mismo neófito se enfrenta en el Cuarto de Reflexiones con tres preguntas relacionadas con este, y es expresar, en su opinión Cuáles son los deberes del hombre para con Dios, para con sus semejantes y para consigo mismo. Estos cuestionamientos no son banales, son parte de la consciencia que debe tomar la persona para dirigir su esfuerzo y labor diaria para alcanzar sus objetivos y el objetivo del Hombre es cumplir una voluntad más allá de sí mismo, la francmasonería le llama estudio de las ciencias y practica de las virtudes, en la creencia religiosa es llamado el deleite en el Eterno y el disfrute del resplandor de Su Santidad.

En el Salmo 73, versículo 28 el Rey David canta que *Y yo en las cercanías de Dios hallo mi bien*, acá una expresión de que lo que es realmente la perfección o el buen obrar es apegarse a la Divinidad, hacer su voluntad, nuestras madres lo transforman en la expresión: Hijo, pórtate bien! Lo que vuelve a una de las máximas francmasónicas ya expuestas y es someter la voluntad, por medio del uso de la razón, todo lo demás es vacío e ilusión.

Para concluir

El debate entre el querer y el deber, entre lo bueno y lo malo, entre lo correcto e incorrecto es una respuesta individual cuya única respuesta viene del uso de la razón, de la internalización y meditación de los aspectos de la vida. El Hombre se enfrenta a una gran decisión diaria, que implica alcanzar la felicidad, la Paz y la verdadera vida Eterna, no en vano Moisés enseño al pueblo de Israel, en su peregrinación por el desierto, la bendición que a los hijos se debe dar y que resume lo acá planteado:

> *Que Hashem te bendiga y te Guarde*
> *Que haga resplandecer su faz sobre ti*
> *Y te otorgue su Gracia*
> *Que vuelva hacia ti tu rostro*
> *Y te de la Paz*
>
> Amén.

APÉNDICES

LOS LANDMARKS DE MACKEY

I. "Nuestros modos de reconocimiento son inalterables. No admiten variación alguna".

II. "La Mas∴ simbólica se divide en tres grados: Ap∴, Comp∴y M∴M∴".

III. "La leyenda del tercer grado es inalterable".

IV. "El Gobierno Supremo de la Fraternidad, está presidido por un Oficial llamado G∴M∴, electo entre los miembros de la Orden".

V. "Es una prerrogativa del G∴M∴ presidir cualquier asamblea Mas∴.

VI. "Es prerrogativa del G∴M∴ conceder dispensa de intersticios para conferir grados en cualquier tiempo incompleto".

VII. "Es prerrogativa del G∴M∴conceder dispensas para abrir o cerrar LLog∴".

VIII. "Es prerrogativa del G∴M∴ hacer MMas∴ a la vista".

IX. "Todos los MMas∴ tienen la obligación de congregarse en LLog∴.

X. "El Gobierno de la Fraternidad se congregada en LLog∴, se ejerce por un V∴M∴y dos VVig∴".

XI. "Es un deber de todas las LLog∴, cuando se congregan el de retejar a todosl os visitantes".

XII. "Todo Mas∴ tiene el derecho de ser representado y de dar instrucciones a su representante, en las Asambleas de las que tome parte".

XIII. "Todo Mas∴ puede apelar a la G∴L∴ de las decisiones de sus HH∴ congregados en Log∴".

XIV. "Todo Mas∴ en uso pleno de sus derechos, puede visitar cualquier Log∴ regular".

XV. "Ningún visitante desconocido puede penetrar a las LLog∴ sin ser cuidadosamente retejado".

XVI. "Ninguna Log∴ puede intervenir en los negocios de otra Log∴.

XVII. "Todo Mas∴ está bajo el dominio de las leyes y reglamentos de la jurisdicción en que resida, aunque no sea miembro de las LLog∴ de la Obediencia".

XVIII. "Las mujeres, los cojos, los lisiados, los esclavos, los mutilados, los menores de edad y los ancianos, no pueden ser iniciados".

XIX. "Es ineludible, para todo Mas∴ la creencia en la existencia de un principio creador, identificado como G∴A∴D∴U∴".

XX. "Todo Mas∴ debe creer en la resurrección a una vida futura".

XXI. "Un libro de la ley, no debe faltar nunca en una Log∴ cuando trabaja".

XXII. "Todos los MMas∴ son iguales".

XXIII. "Las Mas∴ es una sociedad secreta".

XXIV. "Las Mas∴ ha sido fundada como ciencia especulativa sobre el arte operativo, tomando simbólicamente los usos de este arte".

XXV. "Ninguno de estos Landmarks podrá ser cambiado nunca en los más mínimo".

CÓDIGO MORAL MASÓNICO

Venera al Gran Arquitecto del Universo.

El verdadero culto al Gran Arquitecto consiste, principalmente, en las buenas obras.

Ten siempre tu alma en estado puro para parecer dignamente delante de tu conciencia.

Ama a tu prójimo como a ti mismo.

No hagas mal para esperar bien.

Haz bien por amor al mismo bien.

Ama a los buenos, compadece a los débiles, huye de los malvados, mas no odies a nadie.

No adules jamás a tu hermano, porque es una traición; y si tu hermano te adula, desconfía que te corrompa.

Escucha siempre la voz de tu conciencia.

Sé el padre de los pobres. Cada suspiro que tu dureza les arranque, será una maldición que caerá sobre tu cabeza.

Respeta al extranjero y al viajero, porque su posición les hace sagrados para ti.

Cuando a tu vez seas extranjero, no abuses de esa circunstancia pretendiendo mayores consideraciones que las de la justicia.

Evita las disputas y prevén los insultos, poniendo la razón de por medio.

Parte con el hambriento tu pan, y a los pobres y peregrinos mételos en tu casa; cuando vieses al desnudo, cúbrelo y no desprecies tu carne en la suya.

No seas ligero en airarte, porque la ira reposa en el seno del necio.

Detesta la avaricia, porque quien ama las riquezas ningún fruto sacará de ellas, y esto también es vanidad.

Huye de los impíos, porque su casa será arrasada, más las tiendas de los justos florecerán.

En la senda del honor y de la justicia está la vida, mas el camino extraviado conduce a la muerte.

El corazón de los sabios está donde se practica la virtud, y el corazón de los necios, donde se festeja la vanidad.

Respeta a las mujeres, no abuses jamás de su debilidad y mucho menos pienses en deshonrarlas.

Si el Gran Arquitecto del Universo te da un hijo, dale gracias; pero tiembla por el depósito que te confía, porque en lo sucesivo, tú serás para ese niño la imagen de la Divinidad. Haz que hasta los diez años te tema; hasta los veinte, te ame y hasta la muerte te respete. Hasta los diez años, sé su maestro; hasta los veinte, su padre; y hasta la muerte, su amigo. Enséñale ante todo buenos principios; y después, bellas maneras. Que te deba una doctrina esclarecida, mejor que una frívola elegancia. Que sea mejor un hombre honrado, que un hombre hábil.

Si te avergüenzas de tu destino, tienes orgullo; piensa que aquél ni te honra ni te degrada; el modo con que cumplas te hará uno u otro.

Lee y aprovecha, ve e imita, reflexiona y trabaja, ocúpate siempre en el bien de tus hermanos y trabajarás para ti mismo.

Conténtate de todo, por todo y con todo.

No juzgues ligeramente las acciones de los hombres, no reproches y menos alabes; antes procura sondear bien los corazones para apreciar sus obras.

Sé entre los profanos libre sin licencia, grande sin orgullo, humilde sin bajeza; y entre los hermanos, firme sin ser tenaz, severo sin ser inflexible y sumiso sin ser servil.

Habla moderadamente con los grandes, prudentemente con tus iguales, sinceramente con tus amigos, dulcemente con los pequeños y eternamente con los pobres.

Justo y valeroso defenderás al oprimido, protegerás la inocencia, sin reparar en nada de los servicios que prestares.

Exacto apreciador de los hombres y de las cosas, no atenderás más que al mérito personal, sean cuales fueren el rango, el estado y la fortuna.

El día que se generalicen estas máximas entre los hombres, la especie humana será feliz, y la masonería habrá terminado su tarea y cantado su triunfo regenerador.

INVOCACIÓN PARA SER LEÍDA

El francmasón venezolano Elías Sánchez Rubio, nacido en la ciudad de Maracaibo, estado Zulia en 1881 y fallecido en 1927, fue miembro del grupo literario Ariel, además de ser, entre otros, periodista, escritor y dramaturgo, así como redactor del diario *Panorama* de la capital zuliana. Este indigne francmasón venezolano escribió un poema llamado la Mejor Oración, la cual fue adoptada por la logias venezolanas para su lectura al hacer beneficencia.

LA MEJOR ORACIÓN

I

Acordaos hermanos de la angustia del pobre,
Del que viste de harapos, del hambriento de pan;
Aliviad su miseria con aquello que os sobre,
Vuestras piezas de plata, vuestras piezas de cobre,
En un rio benéfico a sus manos irán.

II

Oh, vosotros hermanos, que tenéis una casa,
Una mesa, un lecho y un feliz corazón,
Acordaos ahora del mendigo que pasa,
De los huérfanos tristes, de la viuda que amasa,
Con el agua del llanto se mezquina ración.

III

Los ciegos, los tullidos, los gibosos y ancianos,
La niña a quien el hambre empuja al lupanar,
Todos los que padecen son vuestros hermanos,
Hacia vosotros tienden sus temblorosas manos,
Llamando a vuestras puertas con ansioso llamar.

IV

Para ellos es el fruto de ese tronco bendito,
La ninfa de ese claro caudal de compasión;
Dejad allí la ofrenda como quien cumple un rito,
Los masones oramos al Señor Infinito,
Sembrando en la limosna la mejor oración.

¡Que así sea!

UNA HISTORIA PARA LA REFLEXIÓN

Un Compañero se acerca al Venerable Maestro y le dice: Querido Hermano a partir de hoy no vendré más a la Logia.

El Venerable le pregunta por qué y el Compañero le responde:

- Porque veo que Hermanos hablan mal de otros Hermanos, los Oficiales critican el trabajo de las Dignidades, los Aprendices critican las Instrucciones de las Luces y escucho a grupos de Maestros despotricando contra el Venerable Gran Maestro.

El Venerable le dijo:

- Está bien, pero antes quiero que realices un último trabajo. Llena este vaso con agua hasta el borde y luego circula tres veces por toda la Logia, incluyendo el Oriente ya que te lo permito por aún no estar los trabajos abiertos, pero eso sí, hay un detalle, intenta no derramar ni siquiera una gota de agua, después de hacerlo, puedes irte de la Logia.

El compañero pensó cual fácil sería cumplir con el pedido del Venerable y procedió a dar las tres vueltas solicitadas. Cuando terminó le dice al Venerable que ya lo había hecho y el Venerable le pregunta:

- Cuando distes las vueltas, ¿viste a algún Hermano hablar de otro Hermano? ¿Viste a algún hipócrita? ¿Escuchaste alguna reclamación, por pequeña que fuese?

El compañero expresa, no, no, no…

- Sabes porqué
- No
- Porque estabas enfocado en el vaso con agua para no derramarla, lo mismo es en nuestra Logia y en la Masonería, cuando nuestro foco sea la Fraternidad, NO tendremos tiempos de ver los errores de otras personas. QUIEN SE VA DE LA MASONERÍA POR CAUSA DE OTRAS PERSONAS, NUNCA PRETENDIÓ HACER LA GRAN OBRA PARA LA CUAL TODOS SOMOS DESTINADOS

LISTA DE ALGUNOS FRANCMASONES
EN EL MUNDO

Siendo una escuela del librepensamiento establecida en todo el orbe, la francmasonería atrae a un sinnúmero de personas, las cuales de una u otra manera dejan su huella en la historia de la Humanidad. A continuación una pequeña lista de algunos francmasones en el mundo.

ALDRIN, EDWIN - Astronauta

ALLENDE, SALVADOR - Presidente de Chile

BACH, JOHAN- Compositor

BADENPOWEL - Fundador de los Boy Scout

BEETHOVEN, LUDVIG VAN - Compositor

BLASCO LBAÑEZ, VICENTE - Escritor

BOLÍVAR, SIMÓN - Libertador de Colombia, Venezuela, Ecuador, Perú y Bolivia

BONAPARTE, NAPOLEÓN - Militar, Emperador de Francia

CARTWRIGHT, ALEXANDER - Creador del Baseball

CHAMPOLLION, J.F. - Descifrador de la escritura jeroglífica

CHRYSLER, WALTER - Fundador de Chrysler

COLE, NAT KING - Cantante

COLT, SAMMUEL - Creador del revólver Colt

DARÍO, RÚBEN - Poeta

DESAGULIERS, JOHN T. - Inventor del Planetario

DISNEY, WALT - Cineasta

FLEMING, ALEXANDER - Científico

FORD, HENRY - Fundador de la Ford

FRANKLIN, BENJAMIN - Físico, Político, Presidente de los
EEUU

FREUD, SIGMUND - Psiquiatra introductor de psicoanálisis

GARBLE, CLARK - Actor de Cine

GARIBALDI, GIUSEPPE - Unificador de Italia

GILLETTE, KING - Creador de la hoja de afeitar

GLENN, JOHN - Astronauta

HARRIS, PAUL P. - Co-Fundador del Rotary Club

HERNÁNDEZ, JOSÉ - Poeta

HILTON, CHARLES C. - Fundador de la Cadena de hoteles
Hilton

JONES, MELVIN - Co-fundador de los Lions Club
International

JUÁREZ, BENITO - Primer presidente de México

LARA, JACINTO - Militar y prócer de la independencia
latinoamericana

LINDBERGH, CHARLES - Piloto

LIPTON, THOMAS - Fundador de la compañía de té Lipton

LUTHER KING, MARTIN - Antisegregacionista

MACARTHUR, DOUGLAS - Militar norteamericano

MARTÍ, JOSÉ - Libertador de Cuba

MICHELSON, ALBERT A. - Nóbel de Física

MIRANDA, FRANCISCO DE - Precursor de la independencia
latinoamericana

MONTESQUIEU, CH. DE S. - Filósofo y Jurista francés

MORENO, MARIO "CANTINFLAS" - actor de cine

MOZART, WOLFGANG A. - Compositor

O'HIGGINS, BERNARDO - Libertador de Chile

PUCCINI, NICOLÁS - Compositor

ROBINSON, SUGARRAY - Boxeador pentacampeón del Mundo

ROOSEVELT, FRANKLIN D. - Presidente de los EEUU

ROOSEVELT, THEODOR - Presidente de los EEUU

SAN MARTÍN, JOSÉ DE - Libertador de Argentina, héroe de
Chile y Perú

SANTANDER, FRANCISCO DE PAULA - Militar, presidente de
Colombia

SARMIENTO, DOMINGO FAUSTINO - Presidente de Argentina

SCHIELE, SILVESTER - Cofundador del Rotary Club

SELLERS, PETER - Actor de cine

SHOREY, HIRAM E. - Cofundador del Rotary Club

SUCRE, ANTONIO JOSÉ DE - Libertador y Presidente de
Perú y Bolivia

TOLSTOY, LEON - Escritor

TRUMAN, HARRY S. - Presidente de los EEUU

TWAIN, MARC - Escritor

URDANETA, RAFAEL - Militar, presidente de la Gran
Colombia

VOLTAIRE - Escritor y filósofo

WASHINGTON, GEORGE - Primer Presidente de USA

WAYNE, JOHN - Actor de cine

WILDE, OSCAR - Poeta y dramaturgo

ZAMENHOF, LEJZERLUDVIG - Creador del Esperanto

GLOSARIO BÁSICO
FRANCMASÓNICO

Abrazo Fraternal: Llamado Triple Abrazo Fraternal, es el abrazo tradicional entre los francmasones como expresión de la fraternidad que los une.

Ágape: Término que en griego expresa amor, el ágape es la reunión en banquetes o compartir entre los francmasones que se producen luego de cada tenida, iniciación, aumento de grado o alguna festividad específica.

Ara: Mesa o altar donde reposa el Volumen de la Ley Sagrada, la Legislación Masónica y los instrumentos de trabajo.

Aprendiz Masón: Primer grado de la masonería simbólica.

Balotaje: Expresión que designa el escrutinio de las votaciones dentro de las logias que se realizan con bolas de color negro y blanco para la toma de algunas decisiones como la aceptación de un caballero profano para su iniciación o la afiliación de un francmasón proveniente de otra logia.

Caballero Profano: Persona que no ha sido iniciada en los misterios de la francmasonería.

Capitación: Erogación dineraria que debe realizar cada francmasón a su logia para contribuir con los gastos de mantenimiento del taller.

Capítulo: Cuerpo de la Francmasonería que en el Rito Escocés Antiguo y Aceptado conforman los trabajos de los grados 15 al 18, y en la Masonería del Real Arco del grado de Maestro de la Marca al de Masón del Real Arco.

Compañero Masón: Segundo grado de la masonería simbólica.

Compás: Instrumento de trabajo que junto a la Escuadra y el Volumen de la ley Sagrada conforman las Tres Grandes Luces de la Francmasonería.

Cuadro de la Logia: Litografía que se despliega en las tenidas y que muestra los símbolos fundamentales del grado en el cual se está trabajando. Existen 3 cuadros logiales, uno para cada grado simbólico.

Escocismo: Referencia a la serie de grados que conforman el Rito Escocés Antiguo y Aceptado, desde el grado 4 al grado 33.

Escuadra: Instrumento empleado en la masonería operativa. Junto con el compás y el Volumen de la ley Sagrada conforman las Tres Grandes Luces de la Francmasonería.

Espada Flamígera: Espada de hoja ondulada que denota una llama. Es utilizada el Venerable Maestro de una Logia como símbolo de su autoridad.

Hijo de la Viuda: Nombre que toman los francmasones para reconocerse y que viene de la tradición de la leyenda de Hiram, famoso constructor y experto en el manejo del bronce quien se dice era hijo de una viuda de la tribu de Neptalí.

Iniciación: Ceremonia de ingreso en la francmasonería, en el cual se instruye al neófito en el conocimiento francmasónico en la realización de un drama ritual que tiene como objetivo elevar la consciencia del individuo.

Hiram Abiff: Célebre constructor y experto en el manejo de los metales quien el Rey Hiram de Tiro envió a Jerusalén para encargarse de la dirección de los trabajos del levantamiento del Templo de Salomón y de su palacio. La leyenda masónica cuenta de su asesinato en manos de 3 compañeros que deseaban le fueran revelados los secretos de los maestros a pesar de merecerlos.

Landmark:s Conjunto de normas establecidas para regular los trabajos de la masonería, los landmarks varían dependiendo de la obediencia masónica y los más difundidos son los llamados Landmarks de Mackey.

Logia: Término que designa el lugar de reunión de los francmasones. La logia en los tiempos de la masonería operativa era el lugar levantado muy cerca de la obra de construcción en donde se descansaba, se comía, se hablaba y se dormía.

Logia de Perfección: Cuerpo de la francmasonería en donde se trabajan los grados del 4 al 14.

Maestro Masón: Título que se le otorga al tercer grado simbólico de la francmasonería.

Mallete: Mazo o Martillo de madera de acacia que tiene cabeza doble, el cual empleaban los antiguos canteros y albañiles. Los Malletes son usados por el Venerable Maestro y los dos (2) Vigilantes como símbolo de su autoridad moral.

Mandil: Pieza tradicionalmente hecha de cuero o piel de cordero que usaban los antiguos constructores para no dañar ni ensuciar su ropa. EL uso del mandil es obligatorio en la francmasonería actual y difieren en color y forma dependiendo del rito y grado que se trabaje.

Oriente Eterno: Cuando un hermano masón fallece, se usa la expresión "pasar al Oriente Eterno", en la creencia de la inmortalidad del alma, el francmasón sabe que a pesar que un hermano no se encuentra de forma física entre el resto de sus hermanos, su esencia estará para siempre presente realizando trabajos en el plano espiritual.

Pasos Perdidos: Parte externa del taller donde no se realizan las tenidas. En los Pasos Perdidos se conversa, se comparte y se recibe a los caballeros profanos.

Plancha: Es un escrito realizado por un masón para otro u otros masones para comunicar un tema específico.

Tenida: Reunión de los francmasones para realizar sus trabajos en los distintos grados.

Tenida Blanca: Tenida al que se permite el acceso a los no iniciados, en donde se trata un tema de interés público y se omiten los signos, palabras y tocamientos.
Volumen de la Ley Sagrada: Es el libro de sabiduría que se coloca sobre el Ara, dependiendo de la zona y costumbres puede ser la Biblia o también el Corán. Es una de las Tres Grandes Luces de la Francmasonería.

Terminado el 8 de Mayo de 2017
Siendo el 9no cumpleaños de Jean Paul

www.ingramcontent.com/pod-product-compliance
Lightning Source LLC
Chambersburg PA
CBHW050034260726
48658CB00005B/1603